U0003679

Smile, please

smile 127

【跟一行禪師過日常】怎麼鬆

作者：一行禪師（Thich Nhat Hanh）
譯者：張怡沁
責任編輯：潘乃慧
封面設計、繪圖：王春子
校對：呂佳真
法律顧問：董安丹律師、顧慕堯律師
出版者：大塊文化出版股份有限公司
台北市105022南京東路四段25號11樓
www.locuspublishing.com
讀者服務專線：0800-006689
TEL：(02)87123898　FAX：(02)87123897
郵撥帳號：18955675　戶名：大塊文化出版股份有限公司

總經銷：大和書報圖書股份有限公司
地址：新北市新莊區五工五路2號
TEL：(02) 89902588　FAX：(02) 22901658
初版一刷：2016年9月
初版二十三刷：2024年3月

定價：新台幣160元
Printed in Taiwan

一行禪師
Thich Nhat Hanh

怎 麼 鬆

How to Relax

張怡沁 譯

目錄

放鬆與休息不必特意規畫時間。你也不需要特別的枕頭，更不需要花稍的輔具。甚至不用花到一小時。其實，現在就是放鬆的最好時機。

此時此刻，也許你正在吸氣與呼氣。可以的話，請閉上雙眼，這能幫助你專注於自己的呼吸。你的身體現在進行的工作非常多。心臟在跳動，肺臟正吸進、排出空氣，血液流經血管。但身體以放鬆的狀態運作，毫不費力。

放鬆筆記

休息

叢林裡的野獸若是受傷,牠們會找一處安靜
的地點休養,動也不動地在那裡待上許多
天。動物自然知道那是療癒自己的最好方
式。這種時候,牠們很可能不吃不喝。靜止
與療癒的內在智慧依舊存在動物體內,人類
卻喪失了休息的能力。

療癒

我們人類喪失了對身體的信心，不認為身體本能知道該怎麼辦。如果有時間獨處，我們會感到恐慌，然後找一堆事情來做。正念呼吸能幫助我們重新學習休息的藝術。這種呼吸法，像是慈愛的父母摟著幼兒說：「別擔心，我會好好照顧你；你只要休息就好了。」

覺察呼吸

呼吸是安穩而堅實的基地，是你的歸依處。不論你內心升起多少想法、情緒或觀點，呼吸一直都在，像個忠實的老友。不論你被思緒左右、被情緒淹沒，還是感到焦慮渙散，請回到自己的呼吸。讓身心歸一，安定你的心。覺察空氣進入並離開身體，只要對呼吸保持覺知，那麼呼吸自然變得輕盈、寧靜、安定。不論白天還是晚上，也不管你在走路、開車、蒔花弄草，還是坐在電腦前，你都能回到呼吸，回到安穩的歸依處。

休息之詩

不論何時，都可以對自己默念這首詩，順便小憩一下。這首詩就像一段短短的假期，但是能帶你回真正的家，而不是帶你離開家。

吸氣，我知道自己正在吸氣。
呼氣，我知道自己正在呼氣。

你甚至可以縮短詩句，效果也一樣好：

吸氣。
呼氣。

跟隨呼吸

想要增加正念與專注,請溫和、輕鬆地從頭到尾跟隨吸氣與呼氣。只要坐下來,跟著你的呼吸,就能得到充分的療癒與喜悅。

　　吸氣,我從頭到尾跟著我的吸氣。
　　呼氣,我從頭到尾跟著我的呼氣。

靜水

每個人都像是波浪，也像是水。有時，我們像波浪般興奮、嘈雜、躁動。有時，我們平和得有如靜水。當水平靜無波，就映照出藍天、白雲及綠樹。有時，不論是在家、在工作場合，或是在學校上課，我們難免感到疲倦、躁動、不快，需要將自己轉化為靜水。平靜存在於每個人的內在，只需懂得如何表露出來。

禪修

禪修，意指將注意力完全放在某件事。這並不是從生活中逃離，而是深入觀察自己的機會，看到自己目前的處境。

止：禪修的第一個面向

禪修有兩個面向。第一個是止（梵文的shamatha）。我們這輩子大都在奔波，追尋快樂的特定意義。止的意思是停止奔忙、健忘，也不再糾結於過去和未來當中。我們回到當下的家，生命就在此處。當下，包含了所有時刻。我們在此連結自己的祖先，也連結孩子，就算孩子的後代尚未出世，也能與他們連結。透過練習正念呼吸、正念行走、正念靜坐，我們安撫自己的身體與情緒。「止」也是專注的練習，讓我們在生命的每時每刻深深扎根，接觸到存在最深的層次。

先停下來

如果我們覺得靜不下來，那是因為沒能停下奔波的慣性。這樣奔波的狀態其來有自。我們不停奔忙，就連睡覺時也一樣，我們以為，快樂與健康不可能出現在當下。但如果你能停下來，讓自己扎根在當下，就能看到許多快樂的元素，讓你深深沉浸在快樂當中。即便當下有些讓你不開心的事，還是有很多正面的狀況足以讓你快樂。當你走進一座花園，看到一棵樹木正在凋亡，心生感傷，無法欣賞花園裡其他美麗的景象。但如果再細看，就會發現花園依舊美麗如常，可以好好欣賞美景了。

觀：禪修的第二個面向

禪修的第二個層面，是「觀」（梵語的 vi-pashyana），看到事物的實相。理解是無上的禮物。讓正念引領日常生活也是一件珍貴的禮物，這同樣是禪修的練習。正念本身包含了專注與理解。

每天的正念

正念是一種持續的練習，目的是深刻觸及每日生活的時時刻刻。保持正念，就是真實地與自己的身心共處，讓意念與行動合一，與周遭的人達到和諧的狀態。我們不需要在日常活動之外，特地撥出時間練習。正念練習可以存在於一天的每個片刻，在廚房、浴室、院子裡，或是從某處前往另一處的過程中。我們可以帶著正念從事日常活動，像是走路、安坐、工作、進食等，對自己的行動保持覺知，讓心與行動結合。

放鬆的姿勢

你最放鬆的姿勢是什麼？

　　有時，我們以為只有躺下來才能放鬆，但保持放鬆的坐姿，其實也有同樣的效果。你的坐姿可以保持挺直，但不僵硬，放鬆兩邊的肩膀。試試看，能不能坐下，而體內毫無緊繃之感。

療癒的能量

倘若你能自行坐禪，保持安靜平和，就足以療癒放鬆了。即便沒有人知道你在靜坐，你釋放的能量不只對你有益，也對世界有幫助。但如果你是與他人一起坐禪，或是與他人行禪、共事，這樣的能量會有加乘的效果，可以創造出強大的集體正念能量，不只能療癒自己，也能療癒全世界。這是我們無法獨力完成的。請不要讓世界失去享用這基本靈性食糧的機會。

療癒的集體能量

通常，我們以為獨處時，才能得到放鬆與療癒。然而，有數以千計的人在世界知名的大都市裡，參加過大型的行禪或禪坐共修。有人在河內市中心的還劍湖（Hoan Kiem Lake）參與平靜的正念行禪。也有人在羅馬的古老街道與廣場留下自在平和的足跡。還有上千人在倫敦繁忙的特拉法加廣場（Trafalgar Square），以及紐約的祖柯蒂公園（Zuccotti Park），定靜無聲地坐禪。每個參與者，以及目睹這些共修活動的人，都有機會嚐到平靜、自在、療癒及喜樂。這種場合生起的集體能量是個禮物，我們除了

自己享用，還能與彼此、當地城市，以及全
世界分享。

培養喜樂

我們或許以為喜樂是自然生出的感受，但喜樂需要培養與練習，才能生根茁壯。帶著正念與他人一起靜坐時，感覺會輕鬆些。當我們與他人一起做放鬆的練習，這樣更容易放鬆。疲倦或心不在焉時，集體的能量能助我們一臂之力，將我們帶回自己身上。這正是與他人一起練習的重要原因。起先，我們可能擔心自己沒能正確練習坐禪或行禪，或許還擔心與他人練習會遭到指點，裹足不前。但我們都知道該怎麼坐、該怎麼呼吸；我們應該做到的，不就是這兩件事嗎？專注呼吸一陣子之後，就能將平靜帶回身體與心。我

們只要注意吸氣與呼氣，把心安住在這裡就夠了。光是如此，便能撫平身心的躁動，回到內在的穩定平和。周遭其他人的專心致力，可以作為你開始練習的後盾。每天練習一點，自己做或與他人一起做。這樣的訓練，讓你愈來愈能輕鬆回到自己的正念呼吸。你的練習愈深，就愈容易觸及意識深處，更能生出慈悲的能力。這每個人都能辦到。

一起練習喜樂

放鬆這事不可勉強,就如同我們不能咬緊牙根達到正念的狀態。當我們形成社群、一起練習,那麼這個正念的練習會生出更多喜樂,更放鬆,也更穩定。我們是彼此的正念之鐘,相互提攜,在修行的道路上提醒彼此。有了社群的支持,我們即可培養自己的喜樂與平靜,感染身邊的人。我們還會培養自身的堅定與自由、理解與慈悲,修習深觀,以得到洞察,並從中得到解脫,不再受苦、恐懼、歧視,也不再心生誤解。

身體的正念

身體裡，可能累積了緊繃與疼痛。如果壓抑或忽視，那麼緊繃與疼痛會日積月累，妨礙了我們原本可以經驗快樂的能力。當體內出現緊繃，自然吃不下也睡不好。正念呼吸幫助我們放鬆，將平靜帶回身體。我們先照顧好身，才能照顧好心。

與自己溝通

有時，之所以需要放鬆，是因為我們想停止思考。這非常好，大家都需要「不思考」的時間，但這可不代表我們不再傾聽。思考停止後，我們可以傾聽自己的身體與情緒，開始與自己溝通。現在科技五花八門，我們花不了幾秒鐘，就能與住在遠地的人溝通。但我們若是沒有暫停下來，放鬆並傾聽自己，那麼與他人真正的溝通就無從發生。

恢復健康

釋放所有的緊繃，將平靜帶回身體，這是恢復健康的第一步。如果不留意身體，是不可能得到療癒的。將心帶回身體的家，你就在當下扎了根。不帶任何批判，你就有機會覺察任何身體的疼痛、緊繃與苦楚。這是療癒的起點。

安定的呼吸

剛開始練習覺察呼吸時，我們的呼吸可能沒
那麼平靜，也許有些匆促，吸氣呼氣不平
均，或呼吸短淺的情形。這是因為身體內在
緊繃，心又被悲傷和其他事物占據，於是感
受不到平緩的呼吸。吸氣與呼氣的時候，只
要專注在呼吸上。如果持續練習呼吸覺察，
我們的吸氣與呼氣會更輕柔、更深入，也更
平靜，而紛亂的心也就此靜止。

下面三個練習，能讓呼吸回到平靜的狀
態。第一個是吸氣時知道是吸氣，呼氣時知
道是呼氣；第二個是覺知到吸氣與呼氣的長
度；第三個是從頭到尾注意整個呼吸。這就

是專注。我們只要觀察呼吸，讓呼吸自然發生，絕對不勉強。對呼吸有了覺察，我們的呼吸自然會更深、更緩，也更平靜。

吸氣，我知道我在吸氣。
呼氣，我知道我在呼氣。

吸氣，我看到呼吸長或短。
呼氣，我看到呼吸長或短。

吸氣，我跟著自己吸氣——
從頭到尾。
呼氣，我跟著自己呼氣——
從頭到尾。

鐘聲

我十六歲時開始「請鐘」。那時我剛出家，我們說「請鐘」而不是「敲鐘」，因為我們把鐘當成朋友，希望邀請鐘聲進入我們的身體。請鐘發出聲音，是簡單的放鬆方式。聽到鐘聲時，我們吸氣、呼氣，也吸收這美麗的聲音。就這樣。如果手邊沒有鐘，也可以用別的聲音，像是電話鈴聲、飛過頭頂的飛機聲響、時鐘的鳴響、電腦計時的聲音，或是周遭自然環境發出的聲音。就連電鑽跟掃葉機的聲響，也可以利用。

呼吸的空間

你在家中有個專門放鬆的空間嗎?地方不用大,可以是個小角落(可不是你的床!)或房裡的任何地方,專門拿來做呼吸與放鬆練習。這不是進食或做功課的地方,也不是摺衣服或修理東西的處所。這個空間,跟用餐、睡眠的空間,跟上洗手間一樣重要。我們需要一方空間來照顧自己的神經系統,回復到原有的寧靜、平和。

為自己的領域帶來和平

每個人都有個身體，也有感受、認知、思考、情緒，以及深層意識。這些建構了我們的領地，而每個人都是統治自己領地的君王。領土之內，會發生衝突、各種不睦，而我們欠缺協調紛爭、維持和平的能力。我們沒有探索自己的領地，反倒逃避問題，遁入某種形式的消費與消耗。正念練習能帶來勇氣與能量，讓你回到身體，擁抱自己的感受

與情緒。即便令人不舒服，而且貌似要毀滅你，還是請回到感受與情緒上，擁抱它們，轉化它們。如果你依舊感到恐懼，找共修的朋友支持你。練習行禪，有意識地呼吸，帶著正念進食，只要你培養出正念能量，就能主掌自己的領域，創造和平。

懶惰日

多數人的生活都是按部就班，行程很滿。但你的行程表裡有沒有足夠讓自己慵懶的日子呢？慵懶的一天，沒有安排任何活動，我們讓這一天自然而然地展開，不受時間影響。在這一天，我們得以重新建構自己的平衡。可以自行練習或與朋友結伴行禪，也可以在林中禪坐。我們也可以讀一點書，寫封家書，或寫信給朋友。這一天，讓我們更深入探討自己的練習，以及與他人的關係。或許我們會發現，自己只是需要休息。當時間不受安排或約束，我們多半會感到無聊，想找樂子，到處找事來做。懶惰日是訓練自己

的機會，讓我們不要害怕無事可做。你或許以為，什麼事都不做是浪費時間，但並非如此。你的時間主要是讓你存在當下、活在當下、安住當下。

成為和平

這個世界需要內心充滿喜樂與愛的人們,他們樂於活在當下。如果你懂得保持平和的藝術,那麼你一切的行動都有了根基。行動的根基就是存在,而存在的品質決定了行動的品質。行動必須奠基於「無行」。人們有時會說:「別光坐在那裡,做點什麼事吧。」但我們應該把這話反過來說:「別光是做這又做那,坐下來吧。」這麼一來,和平、理解與慈悲才可能發生。

放鬆需要洞察力

我們都知道，有些人費了很大力氣，想達到正念，但就是無法放鬆。他們費勁地呼吸，費勁地走路；用了很多工夫，卻無法放鬆——因為費勁，就脫離正念了。並不是懷抱放鬆的意圖，就能得到放鬆；也不是想要停止，就能停止。正念，真正的正念，必須帶著真實的觀點與洞察力。你必須先能夠洞察，才能放鬆。

對事物保持正念

所謂的正念，總是指對於某事物保持正念。我們可以對呼吸、步伐、思緒及行動保持正念。正念要求我們把所有的專注力集中在目前做的事，不論是走路、呼吸、刷牙，還是吃零食。維持正念，就已經是覺醒了。如果我們帶著覺察說「吸氣，我知道我有身體」，這已經是洞察了。因為，要是我們察覺到自己的身體，就知道該如何照顧它。如果想消除壓力與緊繃，得先明白自己一直在奔忙。真正的幸福不是來自成功、金錢與權力。真正的幸福應該可以在當下這一刻找到。有了這種洞察，你就能真正的放鬆了。

在大自然裡放鬆

當你在山丘上、公園裡,或沿著河岸行走時,可以跟隨自己的呼吸。如果你感到疲倦或不快,可以躺下來,手臂放在身體兩側,讓所有肌肉放鬆,讓覺知專注在呼吸與微笑。這樣的放鬆非常棒,能使你回復清新。如果一天做幾次,會獲得很多好處。帶著正念的呼吸與微笑,會帶給你快樂,也會感染周遭的人。覺察、呼吸與微笑,能將真正的快樂帶給你愛的人,這樣珍貴的禮物遠超過金錢能買到的事物,而且不花半毛錢。

療癒自己，療癒地球

正念，以及對地球的深度覺察，可以幫我們處理疼痛及複雜的情緒。這有助於我們療癒自己的苦，強化我們覺察他人苦楚的能力。當我們覺察到地球的寬容慷慨，自然心生感動。懂得創造喜樂的時刻，是療癒自己的關鍵。能觀察到周遭生命的美妙，察覺本來就存在的所有快樂的條件，非常重要。如此一來，我們就能以正念的能量，看到並擁抱自己的憤怒、恐懼、絕望，並且轉化這些感受。我們不必被這些不快的情緒淹沒。

當下的覺察

行禪，幫助我們對生活的美好當下保持覺醒。如果心生執著，充斥著憂慮與痛苦，或是走路時分心，就不可能練習正念，因為無法享受當下時刻。於是，我們錯過了生命。如果保持醒覺，就能看到這是生命賜予的美好時刻，只有此刻才能享受生命。我們可以珍惜跨出的每一步，而每一步都可以帶來快樂，因為我們實實在在地生活著，觸及快樂的源頭，也連結了我們所愛的地球。

轉化不愉快的聲音

我在北加州山中禪修營的某一天,附近發生了森林火災。於是整天的坐禪、行禪,以及禁語的用餐時間裡,直升機的聲響環繞在側。越戰時期,直升機的聲音代表了步槍、炸彈與死亡。禪修營的許多學員來自越南,經歷過越戰,直升機的聲響帶來不快的感受,就算對其他學員,這聲音也同樣擾人。但別無他法,於是我們選擇帶著正念來聆聽直升機的聲音。有了正念,我們可以告訴自己,這不是戰爭時期的直升機,而是負責撲滅大火的直升機。有了正念,我們將不快的感受轉化為愉悅與感恩。所以我們隨著直升

機的聲響，練習吸氣與呼氣。結果我們成功轉化，將直升機轉變為練習的助力。我們的練習如下：

靜聽，靜聽，
直升機的聲音
將我帶回
當下。

睡 眠

如果你躺在床上卻無法入睡,最好的方式,
就是回到呼吸。休息的好處,幾乎等同於睡
眠,而且你會發現自己已經盡力了。將平和
帶回你的呼吸與身體,讓自己休息。

學著休息

我們必須重新學習休息的藝術。即便是休假時，我們也不懂得如何利用假期。往往假期結束後，反而比休假前還累。我們應該學習放鬆與休息的藝術，每天花點時間跟自己，或跟他人一起，練習深度的放鬆。

鼾聲的運用

有時,我們難免與打鼾的人共處一室。你可能挺困擾的,但是運用正念能讓你升起慈悲心。你可以利用打呼的聲音,讓自己入睡。耳邊聽著鼾聲,告訴自己,這讓你回到當下的家。這麼一來,你比較能接受打呼的聲音,而且多虧了這酣聲,你才能進入夢鄉。

快樂的定義

假設你對快樂有個設定，就是什麼才能讓你快樂。這個概念在你心裡生根，也在你周遭的環境生根。你的概念告訴你，需要處在什麼樣的狀態，才會快樂。這個想法，你琢磨了十幾二十年，現在卻發現，這關於快樂的概念反倒讓你受苦。你這想法可能帶著幻想、憤怒或渴望，這些都是苦的本質。從另一方面看，你知道自己有過其他經驗：喜樂、放鬆或真愛的片刻。你會認為這是真正快樂的時光。當你享有過真正快樂的時刻，就比較容易放下你渴望的事物，因為你漸漸瞭解這些事物無法讓你快樂。

許多人都希望放下，卻做不到，因為他們的洞察力還不夠，看不到其他的可能性，也看不到通往平和與快樂的其他出口。恐懼是阻止我們放下的因素。我們擔心，放下之後，再也沒有依靠的目標了。放下是一種練習，也是一門藝術。等到某天你夠堅強、決心夠堅定，就會放下使你痛苦的煩惱。

放下

「放下」的意思,是放掉「某樣東西」。這東西可能是我們心裡所想,是我們創造出來的,像是一個理念、感受、欲望或信仰。執著在這個理念上,會帶來許多不快與焦慮。我們想要放下,但是該怎麼辦呢?光是想要放下並不夠,我們得先認知到,這樣東西是真實的。我們得看得深一些,瞭解這理念的本質與源頭。因為理念多半來自感受、情緒,以及過往經驗,來自我們看到與聽到的事物。有了正念與專注的力量,我們可以看得更深,找到這些概念、感受、情緒或欲望的根源。正念與專注帶來洞察,而洞察能幫我們釋放這些心繫的對象。

獨處

獨處讓我們放鬆。獨處並不代表自己一人，也不是脫離文明社會。真正的獨處意指，不受到群眾左右，也不會糾結在緬懷過去或擔憂未來，更不會耽溺於當下的情緒起伏。於是，我們不會失去平和與安定。我們歸依正念呼吸，回到當下，也回到內在的平靜之島。我們享受與他人共處的時光，卻不會迷失在人與人的溝通裡。即便是在熙攘的市場，還是能平靜地微笑與呼吸，安住在內在的島嶼。

放下煩憂

我們的練習是學著照看當下這一刻。別讓自己迷失在過去或未來當中。好好關照當下，或許就能改變過去的負面經驗，準備迎接美好的未來。我們習於擔憂未來可能發生的事，這個練習帶我們回到當下的家，回到身體、回到感受，也回到周遭環境。當我們帶著正念吸氣與呼氣，心便回到了身體，我們也就真正的安住，照看當下。如果身體裡生出壓力與緊繃，我們練習正念呼吸，來釋放緊繃，這能帶來放鬆。如果感到疼痛，我們利用正念，擁抱自己的感覺，也能讓自己放鬆。重點是你必須全然回到當下、此時此

地，才能照顧自己，以及周遭發生的一切。你不必設想太多未來，也不必對未來的可能性生出過多投射，更不用把自己困在過去。你必須訓練自己，學著回到當下的家，回到此時此刻，然後關照當下，照顧此刻的身體與感受。你學到如何回到當下之後，就會更有信心，信任自己的處理能力。你學到如何照顧自己的感受，照顧周遭發生的一切，這能建立你的信心。生出足夠的信心，你便能脫離煩惱的掌控。

快樂是大家的事

學習處理自己的恐懼與痛苦之後，就能幫助其他人，因為有了親身經歷，便知道如何對付恐懼與疼痛。受苦與恐懼不光是我們自身的經驗。我們的恐懼與苦痛，也同時屬於我們的父母、朋友及社會。你就是我，我也是你。如果我們中間有人遇到美好的事情，等於所有人都經驗了這樣的美好；如果我們之間有人發生可怕的事，這不好的事也一樣降臨在每個人身上。這答案來自「無我」的洞察。有了這樣的洞察，你會將自己的苦與恐懼看作是集體的苦。以無我的智慧，你會把快樂看作是集體的快樂。我們是一體的。

身體力行

如果你練習正念來釋放緊繃、壓力,以及身體的痛楚,能逐漸看到改善。那麼,當你看到有人心情緊張、身體疼痛,就可以告訴他如何練習。因為你親身體會到成效,這人自然會相信你。這就是身體力行。所以,能從自己先開始實行,非常重要。光是你生活的方式、如何因應各種狀況,就已經能帶來許多幫助了。其他人看到你平靜和善地應對,自然會想跟你學習。

毫不費力

欣賞美麗的藍天，需要特別花力氣嗎？享受天空之美，要特地練習嗎？當然不用，我們只要單純享受就好。所以我們生命的每分每秒也可以如此。不論人在何處、任何時候，我們都有能力享受陽光，享受彼此的存在，甚至能享受呼吸的感覺。我們不必特意去中國才看得到藍天，更不用穿越未來才能享受呼吸。現在就能實際體會這些事物。如果心裡只感受到苦，那就太可惜了。

放下壓力

壓力會在身體裡累積。我們飲食與生活的方式，最終會影響我們的健康。躺下來，溫柔地覺察呼吸，就能感受到身體正在休息與復元。在一天當中找個空檔，練習正念呼吸，釋放緊繃。只要五或十分鐘，甚至二十分鐘，就能重新回到正念，釋放一切壓力。如果睡不著覺，就跟著你的吸氣與呼氣，將覺知輪流帶到身體的不同部位，逐步放鬆身體。就算你沒有睡著，這項練習也很有益處，因為這能滋養你，幫助你休息。

生命既可怖又可愛

禪修的意思是，覺察到當下正在發生的事，這包括我們的身體、感受、心念，以及世界。每一天都有數以千計的兒童死於饑饉，不論植物或動物，每天都有物種走向滅絕。然而，太陽升起是多麼美好，早晨牆邊盛開的玫瑰是個奇蹟。生命涵蓋了可怖與可愛的成分。練習禪修就是實際探觸生命的這兩個面向。

別浪費時間

許多禪寺的禪堂外頭,有一面木製布告欄,刻著四行字,最末一行是:「別浪費生命。」生命是每一天、每一小時組成的,所以每一小時都很珍貴。我們有沒有浪費自己的時間與日子?我們浪費了自己的生命嗎?練習坐禪或行禪時,比較容易保持正念與專注。但在一天當中的其他時刻,我們同樣在練習。這難度高一些,但還是可行的。坐禪與行禪練習,可以延伸到一天之中非坐非行的時刻。這是禪修的基本原則。

快樂與覺察

千萬不要以為必須保持嚴肅才能禪修。我們快樂與否，取決於我們的覺察。你牙痛時，以為只要牙齒不痛，自己就能快樂起來。但當你的牙痛消失，往往還是不快樂。我們都有能力將中性的感受轉化為愉悅的體驗。如果你放鬆自若，一切萬物都能從你的放鬆能量中獲益。這是致力和平最基本的工夫。

微笑

只要一個微笑，就能釋放臉部數百條肌肉，還能放鬆神經系統。微笑讓你成為自己的主人。我們可以用一整天來練習微笑。剛開始或許笑不太出來，我們得想想背後的原因。微笑代表做自己，能夠做自己的主人，不會陷入失念之中。請不時在心底吟誦下面這首短詩，同時保持呼吸與微笑：

吸氣，我讓身體安靜。
呼氣，我微笑。
安住當下。
我知道這是美妙的時刻。

定 靜

「吸氣，我讓身體安靜。」念著這句詩，就像喝下一杯清涼的水，一股清新之感浸潤了全身。當我吸氣並複誦這句詩時，我真的感到呼吸平靜了我的身體，平靜了我的心。

當下，美妙的時刻

坐在這裡，我不會想去別的地方，也不會分心想著未來或過去。我坐在這裡，知道自己身在何處。這很重要。我們很容易就活在未來，而非當下。我們會說：「等我完成學業，拿到博士學位，就能過自己的生活了。」等到我們達成目標（這相當困難），我們會告訴自己：「我得等找到工作，才能展開自己的生活。」有了工作，得有車；有了車，得買房子。我們總是無法活在當下，總覺得等到以後才能好好過活。那是遙遠的未來，不知何時會到來，彷彿當下並非好好活著的時機。這樣我們這輩子可能都不會好好生活了。我們唯一活著的時刻，就是當下。

自我療癒

我們必須相信身體具有自我療癒的能力。自我療癒的力量真的存在，但許多人並不相信，反而服用各種維生素及藥劑，這有時還對身體有害。好好照顧身體，吃得健康但不過量，正常睡眠、飲水，我們必須信任自己的內在，擁有理解、療癒與愛的能力。這就是我們的歸依。如果我們對此喪失信任與信心，等於失去了一切。我們可以不必慌亂或屈服於絕望，只要練習正念呼吸，信任自己的療癒能力，這就是我們歸依的內在之島。這是個平靜、自信、堅定、愛與自由的島嶼。請為了你自己，成為這樣的島嶼，不必

外求。正念呼吸帶你回到這座寶貴的內在之

島，讓你體會存在的基礎。

內在戰爭

我們知道，很多人不想回到自身這個家。這是出於懼怕，因為不願面對內在的痛苦與掙扎。我們抱怨沒有時間好好生活，但閒下來時，卻隨意殺時間，不願回到自身。我們逃避的管道包括了，開電視、拿起小說或雜誌，或是開車閒晃。我們逃開自己，不願照顧自己的身體、感受，忽視心理的狀態。我們必須回到內在之家。如果我們與父母、朋友、社會或修行團體產生對抗，或許是因為自己的內在生出了對抗。內在的掙扎助長了其他戰爭。我們害怕回到己身，因為手邊沒有保護自己的工具或方法。有了正念，我們

可以安全地回到內在之家，不再受到痛苦、傷感與沮喪的包圍。藉由正念呼吸與正念步行的練習，我們得以回到內在之家，擁抱自己的傷痛。

石上激流

心的活動，往往處於急躁不穩的狀態，就像
湍急的水流，沖刷岩石。佛典裡常形容，心
宛如猿猴，總是從樹枝這一頭盪到另一頭；
另外一個比喻是，心有如野馬奔騰，難以駕
馭。一旦我們的心能認清當下發生的事，就
能看清自己的心理狀態，平靜下來。光是如
此，便能帶給我們平和、喜悅與定靜。

暴風行舟

假設你正搭著一艘船，橫渡海洋。如果你困在暴風中，最重要的是保持冷靜，不慌亂。想達成這樣的狀態，要靠你回到呼吸，回到自己身上。當你平靜下來，完全成為自己的島嶼，你會明白接下來該做什麼，不該做什麼。若非如此，這艘船可能就翻覆了。做了不該做的事，會毀了自己。歸依正念，你會看得更清楚，知道如何改變現況。正念帶來專注，專注帶來洞察與智慧。這是最安全可靠的歸依處。你的島嶼提供的安全與穩定，要靠你自己練習。不論是安撫孩子、建造房屋，還是玩排球，一切都得靠自己練習。

一切未必皆苦

有人說，世間一切皆苦。不是這樣的。這說法太誇張了，也誤解了佛陀的話。佛陀說的是，苦的確存在，但他並沒有說，世間只有苦。苦有其成因，想要消除一切苦因，是有可能的。當然，我們不能夢想有一天可以享受百分之百的快樂，一點苦都不要承受。總是會有苦升起，但我們可以學習善巧地處理苦與樂。

釋放緊繃

釋放所有緊繃的方法，就是正念呼吸。所以一切都從正念開始。正念將心帶回當下，我們就能更深入地觀看並經驗一切事物。回到當下，你能看到自己身體是否處在緊張的狀態。我們看得夠深，於是發現：「啊，我這麼緊繃，是因為被擔憂、焦慮與盤算給綑綁了。」那麼，我們就能下定決心，不要再如此作繭自縛。

欲望與快樂

佛陀常說,多數人都把欲望與快樂混為一談。佛陀出家前是一位王子,經歷過追求欲望的生活,他的話是經驗之談。他說,真正的快樂,是活得少欲,沒有太多的財物,有餘裕享受我們內在與周遭的許多美好事物。若耽溺在不健康的渴望中,這就是欲望。心中產生欲望時,我們要覺察到當下的心理狀態。「這是渴望財富的心念。」「這是渴望名聲的心念。」心不再有所求時,重要的是觀察當下心裡沒有渴望。「渴望財富的心念消失了,我感到有種自在。」「少了渴望名聲的心念,我感覺輕鬆。」以此類推。我們

觀察這些無欲無求的片刻，同時也經驗了快樂、自在與平靜。有了無欲作為基礎，我們才可能感受到喜樂、平靜與自在，因為這一切都來自於簡單的生活。簡單就是少欲，身邊沒有多餘物事，活得簡單又滿足。無欲是真正快樂的根本，因為真正的快樂，當中一定包含平靜、喜樂與自在的品質。

就地放鬆

住在城市中的人，生活可能非常忙碌，環境十分吵嚷，污染處處。我們甚至看不到月亮或星星，而人就困在都市中，想要找兩天遠離塵囂，到鄉間度假，但又無法實現，因為自己放不下一切。某天，有個朋友來訪，他說：「這個週五我們去鄉下走走吧。」他非常擅長說服我們動身，於是我們答應了。上車之後，不過四十五分鐘，我們便將都市遠遠拋在後頭，眼前出現鄉間風光。感受到微風輕拂，置身於開闊的空間裡，這帶給我們無窮喜悅。這份喜悅來自放下的能力，以及將城市拋在腦後。放下之後，便生出喜悅與

快樂。我們應該拿張紙，坐下來，寫下我們能放下哪些事物。許多事物依舊綑綁著我們。我們感受不到喜樂，因為我們還沒學會放下。

幸福的定義

想得到幸福，首先得放下我們對幸福的一切
定義。這挺難的。每個人都有自己對幸福的
定義。我們以為非得擁有某樣東西或達成某
個目標，才能得到幸福；或是一定得拋棄、
消除什麼，才能得到快樂。我們總認為，一
定要達到某種狀況：擁有這棟房子、這輛車
或是跟某人住在一起，才能幸福。我們對幸
福的定義如此之多，如果還不能感受到幸福
與喜悅，那是因為被這些定義困住了。所
以，我們必須學習放下這些定義。我們對幸
福的定義正是阻擋幸福的最大原因。

不必擔心牛走丟

某天，佛陀在林子裡，與其他比丘靜靜坐著用午餐。有個農夫匆匆走來，問道：「尊貴的比丘，有看見我的牛群嗎？牠們今早全跑了，沒了牛，我該怎麼生活呢？害蟲已經啃光我的芝麻田，我一點收成都沒有。我活不下去了，我想我不如死了好。」佛陀說：「親愛的朋友，我們坐在這裡好一陣子，沒看到什麼牛經過，也許你往另一頭找找。」農夫聽了便離去。佛陀對比丘們說：「你們非常幸運，沒有什麼牛好走丟。」牛代表我們必須放下的事物。我們對幸福的定義就像隻牛，正因為這個定義，我們幸福不起來。

給牛取名字

我們每個人都該好好坐下來，拿一張紙，寫下我們所有「牛隻」的名字。這裡頭包括自己對幸福的各種定義。這往往困擾我們，讓我們受苦。我們總是與這些事物不停地拉鋸，又無法真正放下。我們到底有多少頭牛呢？有時，一張紙可能還寫不完。事實是，如果你放下這些牛，你會更輕鬆，也會更幸福。放下，那麼幸福、喜樂與平靜才可能發生。

平和最珍貴

覺醒在今天就能發生，不用等到十幾二十年後。洞察會持續出現，提醒我們，讓自己別再糾結於各種執著。我們的心若是陷入重重的憤怒、嫉妒或悲傷，這樣的狀態可能持續好幾小時，一天又一天。那是多麼的可惜，因為與此同時，生命是美妙的。如果我們專注在呼吸，看到自己身體的奧妙，那麼其他事情根本沒那麼重要了。身心的平衡才是最要緊的。每個人都能獲得這樣的洞察。坐著的時候，可以與呼吸共處，於是能放下緊繃，獲得平靜。這樣的平和是最珍貴的，遠遠超過任何追求的目標。

自由是一種練習

如果你想要體驗自由，只需專注在吸氣與呼氣上。花三分鐘吸氣與呼氣，這段時間，你是自由的。我們必須自我訓練，才能得到這樣的自由。自由不是自動生出的事物。當我們得到自由，沒有被憤怒與焦慮淹沒，就有餘裕下定決心，練習培養這份自由。當我們感到焦慮、擔憂或憤怒，就不是做決定的好時機。練習正念呼吸與正念行走，讓我們隨時都能得到這樣的自由。

別太忙碌

進行日常活動時,你有沒有感到缺少什麼?當你洗碗、煮飯、清理廚房、行住坐臥,這些時候你在尋找什麼?沒有什麼是你必須照看的。你是自由的;不必做什麼,也不必趕什麼。也許你正尋求某些事物,心中盤算,或是感到煩躁。你的雙手雙腳或許總是以為它們得做點什麼。當你行禪或坐禪時,別太過費力,你不是在試圖達成或得到什麼。禪修不該是件苦差事。原則上,保持平常的樣子,不要太忙碌。我們只要以正常的方式生活,吃飯時吃飯,別講話;上洗手間就上洗手間。如果累了,那就休息。

對自己慈悲

別把憤怒、仇恨、貪婪當作必須對抗、摧毀或消滅的敵人。如果你消滅了憤怒，也消滅了自己。這樣處理憤怒的方式，好比將自己送上戰場，將自己撕成碎片。如果你進入這樣的鬥爭，就是以暴力對待自己。無法對自己慈悲，便不可能對他人慈悲。我們感到憤怒升起時，要同時覺察：「我生氣了。憤怒在我裡頭。我就是憤怒。」這是第一要務。

吸氣，我感受到我的憤怒。
呼氣，我微笑。
我與我的呼吸同在
那麼我便不致迷失自己。

別怪罪

當你種下一棵樹，而樹長得不好，你不會怪那棵樹。你會探索樹沒長好的原因，有可能是需要施肥，或是多澆點水、少曬太陽。我們絕不會怪罪那棵樹。然而，我們很輕易責怪孩子。如果我們知道該如何照顧孩子，他會好好地成長，像樹一般。責怪沒有半點正面效果。絕不要責怪，也絕不要用理論與爭執說服人；這不會帶來任何正面效應。這是我的經驗之談。不要爭執，不要理論，也不要責怪，只要理解就好。如果你能理解，表現出諒解、用愛包容的意願，那麼情況就會改觀。

呼吸是一座橋

呼吸像是一座橋,連結身與心。在日常生活中,往往是身在此處,心卻跑到別處,像是流連在過去或是未來。這就是心不在焉。呼吸是連結身心的橋梁,當你帶著正念吸氣、呼氣,心便回到了你的身體。你能體會到身心合一,完全處在當下,全然活在此時此刻。這時,你會深入觸及生命。這一點並不難,人人都可以辦到。

放鬆練習

以傳統中醫來看，醫生有時開給病患的藥方，除了療效之外，味道也不錯。光是服用，就讓你在放鬆愉快的狀態下得到療癒。練習也是同樣的道理。練習禪坐時，你享受坐著；練習呼吸時，就享受呼吸。如果你能自得其樂，那麼療癒與轉化就會發生。

解脫

我們的生活常常像在做夢，不是被拖回過去，就是被拉向未來。也因此，我們糾結在傷悲、焦躁與恐懼之中，執著於自己的憤怒，這一切都阻礙了溝通。「解脫」意指轉化並超越這些狀況，到達全然覺醒、輕安自在、充滿喜樂、煥然一新的狀態。我們練習「止」與「觀」，是為了得到解脫。生活中遵循這個方法，會發現生命更值得體驗，對家人及周遭的所有人來說，我們也成了喜樂的泉源。

放鬆坐著

坐下來看電視時，你並不會花任何力氣，因此你才能坐得久。當你坐著禪修，如果內心勉強，就不可能坐太久。請模仿自己坐在客廳的方式，毫不費力，這是成功的要件。別掙扎，也別刻意用力，讓自己坐好就行了。坐姿放鬆，也能帶來休息的效果。請讓自己的身體休息，自在放鬆。

安定下來

把新鮮果汁倒入玻璃杯中，靜置十五分鐘後，所有的果渣都會沉到杯底。如果你讓自己放鬆、平和地坐著，也能安定身心。這樣坐著，能讓你享受自己的呼吸，享受活著的感覺，享受只是坐在那裡的時刻。

緊繃的慣性

幾年前，我來到印度，造訪一個信奉佛教的賤民社區。有個朋友為我安排這趟參學之旅，他同樣出身數千年來遭到歧視的賤民階級。我們搭巴士前往時，他坐我的右手邊，我則欣賞窗外印度鄉間的風景，但是當視線觸及他時，我發現他非常緊張。他已經盡一切可能，讓我享受舒適的旅程，卻仍然免不了憂心。這慣性的能量，來自於世世代代在歧視、打壓下努力求生的祖先。這樣的慣性很難改變，自然也傳到了他身上。我說：「親

愛的朋友，你為什麼這麼緊繃呢？每件事都
安排得很完美。現在我們上了巴士，已經沒
別的事好做了；到了目的地，朋友會來車站
接我們。坐著放鬆，好好欣賞風景。」他回
答：「好吧。」但兩分鐘後，他看起來又是
一樣緊張，擔心未知的一切，無法自在地處
於當下。我們很多人都是如此。我們的修
習，就是停止奔波，覺察當下生命中所有美
好的事物。

休息與放鬆的禪修

請鐘

我們內在本就存在定靜、平和與喜樂。這些
品質必須經由我們召喚，才能顯現出來。請
鐘是召喚內在喜樂、平靜的方式之一。我從
十六歲開始「請鐘」。如果我想請小鐘，我
會捧著鐘，同時吸氣、呼氣。「吸氣，我讓
身體安靜。呼氣，我微笑。」如果你想請鐘，
這裡有首詩可以背起來。吸氣時，默念第一
句；呼氣時，默念第二句，以此類推：

身、語、意歸一，
心意隨鐘聲送出。
願所有聽者覺醒，
遠離焦慮與憂傷。

聽 鐘

鐘聲像是個朋友，帶著我們回到自己內在，
回到平靜狀態。我們邀請寧靜顯現。藉由鐘
聲的助力，我們的心收攝，回到當下；思考
與談話也暫停下來，我們回到自己的內在，
呼吸並放鬆。當你靜聽時，或許會注意到自
己的吸氣與呼氣自然拉長，也更放鬆了。這
是一首聽鐘時用的詩。「你真正的家」代表
內在之島，你的穩定、平和與喜樂。

　　靜聽，靜聽。
　　這微妙的聲音
　　帶我回到
　　真正的家。

101

舒緩憂愁

有時，我們想個沒完，不停擔憂，就像腦子裡有一卷錄音帶反覆播放。如果電視機開很久，摸起來一定發燙。而停不了的思緒，也會讓頭腦燒得一樣熱。如果思緒停不下來，我們可能睡不好。即便是服用安眠藥，我們還是會在夢裡持續奔波、思考與擔憂。取代用藥的方法，就是正念呼吸。如果練習正念呼吸五分鐘，讓身體休息，那麼我們就能暫停思緒。我們可以用「吸氣」跟「呼氣」等用語，幫助自己覺察呼吸。這不是思考，這些用語也不是抽象概念，而是正念呼吸的引導。如果我們思緒過多，存在當下的品質就

降低了。暫停思緒，增進存在的品質，就能

感受當下更多的平靜、放鬆與休息。

入，出。深，慢。

這首詩隨時都可以用來練習，特別是感到憤怒、擔憂或悲傷的時候。如果你知道如何練習這首詩，要不了一、兩分鐘，感覺就會好多了。

入，出。
深，慢。
平靜，自在。
微笑，放下。
當下一刻，美妙一刻。

「入，出」意指吸氣時，我知道自己在吸氣，呼氣時，我知道自己在呼氣。你是百分

之百與自己的吸氣與呼氣同在。不必想其他事，這就是成功的要訣。

練習「入，出」三、四次，甚至五次之後，你會注意到吸氣自然地加深了，呼氣自然地變慢了。你的呼吸安定，你也感到更平和。這就是「深，慢」。

「平靜，自在」代表了：「吸氣，我感到平靜。呼氣，我感到自在。」這個練習做起來非常美妙，特別是感到緊張、憤怒，或是內在無法平靜的時候。

接著，你來到「微笑，放下」。這代表了：「吸氣，我微笑。」或許你覺得微笑有困難，

但練習三、四次之後，你可能感到微笑自然升起。如果你能微笑，就會好過多了。也許你會反駁：「幹嘛要我微笑？一點都不自然。」許多人這樣問我，並且抗議：「我一點都不覺得開心，我沒法子擠出微笑。這一點也不真實。」我總說，微笑就像瑜伽，屬於嘴部的瑜伽練習。就算心裡感受不到喜樂，還是微笑吧。只要你微笑，就能感受到有所不同。有時是心在主導，但有時你得讓身體來主導。

身體掃描

如果你只有幾分鐘的時間坐下或躺下休息，可以做一次身體掃描。從頭頂開始，逐步往下，最後到腳趾，將正念的覺察帶到身體的各個部位。你可以將注意力帶到身體的好幾個位置，或某幾個部位。這個練習隨時隨地都可以做，讓身心休息，釋放壓力。

吸氣，我覺察到雙眼。
呼氣，我對雙眼微笑。

擁有一雙好眼睛是非常美好的。我們應該好好照顧雙眼，不時休息，特別是工作時。

吸氣，我覺察到心臟。
呼氣，我對心臟微笑。

　　你有好一陣子沒注意自己的心臟了。你休息、工作與飲食的方式，都可能對心臟有害。你的心臟夜以繼日地工作，維護你的健康，你卻因為缺乏正念，沒能給心臟帶來任何助益。你可以選定至少一個身體部位，練習放鬆，每天做一到兩次。

電話的禪修

當你拿起話筒，要打電話時，先練習吸氣與
呼氣，讓自己安定。

　話語會穿越數千哩路。
　話語能修復溝通管道，
　促進雙方瞭解。
　我願接下來的對話，
　將我倆拉近，
　讓我們的友誼綻放如花。

　電話鈴響時，你也可以先練習正念呼吸，
再接起電話。

　靜聽，靜聽。
　電話的正念鈴聲，
　帶我回到真正的家。

電腦的禪修

鈴聲好比是朋友，向我們伸出援手。如果你對著電腦工作，往往會過於沉浸其中，忘了自己還有個身體，忘了自己當下活著。有時，甚至忘了呼吸。那麼，你可以將電腦設定成每十五分鐘響一次鐘聲，提醒你回到自己身上，微笑、呼吸，再繼續手邊的工作。許多人都試過這樣的方法。鐘聲可以提醒你回到自己身上，享受呼吸，這是一個休息的好辦法。

深度放鬆

深度放鬆，讓你的身體有機會休息、療癒、回復活力。將注意力帶到身體的每一個部位：頭髮、頭皮、腦子、耳朵、肩膀、手臂、雙手、手指、肺部、每個內臟器官、消化系統、骨盆、雙腿、雙腳、腳趾。將愛與關懷送到身體的每個部位，以及每個細胞。

採取仰臥姿勢，手臂放在身側。保持舒適。讓自己的身體放鬆。覺察下方的地板與身體接觸的感受。讓身體沉向地板。

覺察自己的呼吸、吸氣與呼氣，覺察腹部在呼吸間的起伏。

吸氣時，將覺知帶到雙眼；呼氣時，讓雙眼放鬆，往後腦勺的方向下沉。釋放眼部周圍所有緊繃的小肌肉。眼睛讓你看到豐富的色彩與形狀，現在讓雙眼休息。將愛與感恩送到你的雙眼。

　　吸氣時，將覺知帶到嘴部；呼氣時，讓嘴部放鬆。放鬆嘴部周圍的緊繃感。你的雙唇像是花瓣一般，請讓雙唇綻放溫柔的微笑。微笑能放鬆臉部數百條緊繃的肌肉。感覺緊繃感逐漸離開你的雙頰、下巴及喉嚨。

　　吸氣時，將覺知帶到肩膀；呼氣時，讓肩膀放鬆，往地板的方向下沉，讓所有累積的緊繃感向地板流去。你的肩膀負擔太多的事

物，現在好好照顧肩膀，放鬆肩膀。

吸氣時，將覺知帶到雙臂；呼氣時，放鬆你的手臂，讓它們往地板的方向下沉。放鬆你的上臂、你的手肘、前手臂、手腕、你的雙手，還有手指的所有小肌肉。需要的話，可以動動手指，幫助肌肉放鬆。

吸氣時，將覺知帶到心臟；呼氣時，讓心臟放鬆。你有好一陣子沒注意自己的心臟了。你的工作、進食，以及管理焦慮與壓力的方式，都給心臟帶來壓力。心臟夜以繼日地為你跳動。帶著正念與溫柔，擁抱你的心，並且照顧你的心臟，與它和解。

吸氣時，將覺知帶到雙腿；呼氣時，放鬆你的雙腿。放鬆腿部所有的緊繃感，包括大腿、膝蓋、小腿、腳踝、雙腳、腳趾，還有腳趾的所有小肌肉。需要的話，可以動動腳趾，幫助肌肉放鬆。將愛與關懷送到你的腳趾。

　　慢慢地吸氣、呼氣，讓全身感覺輕盈，有如漂浮在水面的蓮花。你沒有非去不可的地方，也沒有非做不可的事。你就像藍天飄浮的白雲，那樣自由自在。

　　將你的覺知帶回呼吸，讓腹部隨著呼吸起伏。

跟著呼吸，覺察你的手臂與雙腿。或許你會想動一動，伸展一下手臂跟雙腿。

　　準備好的時候，慢慢坐起來。

　　覺得可以的時候，慢慢站起身。

相關書籍

《覺醒的喜悅》（*Awakening Joy*）

    詹姆士・巴拉茲（James Baraz）與蘇珊娜・
    亞歷山大（Shoshana Alexander）合著

《自在》（*Be Free Where You Are*）   一行禪師 著

《呼吸，你活著》（*Breathe, You are Alive!*）

    一行禪師 著

《深度放鬆》（*Deep Relaxation*）

    真空法師（Sister Chan Khong）著

《幸福》（*Happiness*）   一行禪師 著

《怎麼吃》（*How to Eat*）   一行禪師 著

《怎麼愛》（*How to Love*）   一行禪師 著

《怎麼坐》（*How to Sit*）   一行禪師 著

《步步幸福：快樂行禪指引》

（*The Long Road Turns to Joy*） 　　　　　一行禪師 著

《回到家，我看見真心：讓家成為修行的空間》

（*Making Space*） 　　　　　一行禪師 著

《涅槃之前》（*Not Quite Nirvana*）

瑞秋・紐曼（Rachel Neumann）著

《栽種種子》（*Planting Seeds*）

一行禪師與梅村僧團 合著

《十次呼吸得快樂》（*Ten Breaths to Happiness*）

格倫・施奈德（Glen Schneider）著

《世界是愛人，也是自己》

（*World as Lover, World As Self*）

喬安娜・梅西（Joanna Macy）著

國家圖書館出版品預行編目資料

怎麼鬆 / 一行禪師（Thich Nhat Hanh）著 ; 張怡沁譯. --
初版. -- 臺北市 : 大塊文化, 2016.09
面 ; 公分. --（smile ; 127）（跟一行禪師過日常）
譯自 : How to relax
ISBN 978-986-213-729-1（平裝）

1. 佛教修持 2. 生活指導

225.87   105014965